林碧儀

潘家朗

潘家浚

潘家悅

潘家旋

潘家珩

著

疫下有情天

目錄

關則輝太平紳士

Maggie 是我的舊同事，作為一個工作婦女和五個孩子的媽媽，我很佩服她的高 EQ 和能力。縱有繁忙的工作、一個接一個的視像會議，還要照顧「一級級」的五個孩子，Maggie 依然能夠平心靜氣做好不同的崗位。更教人敬佩的是在五個孩子中有四個不幸染疫的困境下挺過來，著實不簡單。

疫情在全球肆虐兩年多，對大眾健康以至生命構成威脅，對經濟、民生帶來嚴重衝擊，但正正在困難重重中，我們見到社會展示了很強的韌性，社會各界在逆境中發揮「你幫我、我幫你」的精神，左鄰右里互相扶持，凸顯了守望相助的力量，這些互惠互助的精神便是「社會資本」（Social Capital），是社會的軟實力，在困難時發揮了關鍵的作用。

《疫下有情天》一書裡各個守望相助的感人故事正正體現了社會資本的力量，就是這種無私的精神，填補常規服務的縫隙，是社區的及時雨，讓我們一起走出逆境。

二零二二年是「社區投資共享基金」成立二十周年，基金特別以「互信互惠‧承擔承傳」為主題，繼續連繫各界建立社會資本，攜手跨越逆境。

我在此感謝 Maggie 的努力，帶領孩子透過疫情下的非凡人大故事，彰顯人性的光輝。讓我們都「望多眼、問多句、行多步」，互相關顧，一起發展更多社會資本，建立一個充滿人情味的香港。

關則輝太平紳士，MH
社區投資共享基金委員會主席

嘉賓序言

胡美儀女士

　　我家工人確診了，我和丈夫也經歷了被隔離的手忙腳亂，深深體會到朋友互助的可貴。《疫下有情天》裡面受助者他們的喜悅態度，鼓勵了想關懷社會坐言起行的有心人，也如其中一位勇士所說「只要願意主動尋求協助，就一定會有出路」。

　　我和 Maggie 是基督教輔導學課程的同學。欣賞 Maggie（五個小孩的媽媽）在二零二二年三月自己四個小孩確診的日子裡，仍然用正能量去帶領孩子們面對疾病，用疫情事件連結家庭教育，如她所說在「疫境」下找「清泉」。

　　一口氣看完了十輯真人見證，使我感到「接受者」和「施予者」同樣有福，我邊看邊寫下《疫下有情天》抗疫勇士們的心聲，結連出以下的一段內容。

　　「香港人轉數高，肯拼搏，相信逆境過後，總有陽光。只要我們每個人都做好本份，一點一滴都能集腋成裘，一傳十，十傳百，莫以善小而不為，希望幫得幾多得幾多，定能在困境中開創新天地，為社會作出貢獻。

「寄語香港人不妨在忙碌的生活中，抽點時間多點關心身邊的人，繼續守望相助，發揮我們獨一無二的獅子山精神。」

我衷心向《疫下有情天》裡面，每一個名字和團體致敬！

祝願大家有月滿的心。

胡美儀

資深演藝人／專業心理輔導師

二零二二年九月十日

中秋節

嘉賓序言

彭晴女士

我是因為節目訪問而認識了五個小孩的媽媽 Maggie。

當知道她是一位如此身份的媽媽實在十分驚訝,照顧一個孩子已花很多精神,要照顧五個小孩,所花的心神不用多說。而且 Maggie 要照顧五個各有不同特殊教育需要的孩子,可以想像付出的心血和愛有多大。所以當她跟我說在疫症中全家中招(除了大哥)康復後,有感而發決定要紀錄社會中幫助人的各種好人好事,讓小孩子做記者理解這些有心人做義工背後的故事,並輯錄成書,我心中真的暗暗佩服她的大計。五個孩子的雙職母親,平日工作已夠忙碌,還不嫌辛苦額外給自己更多的工作,為的到底是甚麼?

首先,我想首先她希望孩子做這件事,是要讓他們知道,即使他們各有不同特殊教育需要,仍然有關心社會的能力,就算是需要別人幫助,也可以用各自不同的方式發揮所長。就正如《疫下有情天》這本書中每位主角一樣,在疫症的陰霾下,他們可以選擇自掃門前雪的方式去生活,終日活在恐懼中,怨

天怨地咒罵疫情對自身和社會的影響，把自己關在家中不理其他人的死活；然而，他們卻在這困境下選擇幫助別人，書中的每一個故事的主人翁都身體力行，盡自己的一點綿力，無論是派飯、派物資、義務剪髮、義務補習、義載等，即使自己也不好過，但非常有同理心，明白別人比自己更差，希望為他們在苦中帶來一點甜，令人感到沒有被遺忘！

另外，我想 Maggie 希望用身教的方法，令孩子明白到，就算是微小的力量，也千萬不要看輕它加起來的 multiple effect，以一個正向的生命去影響另一個生命，加起來「豈止一加一大於二」！書中每位助人的主角默默耕耘的付出，無論是一個微笑、一句關心、一件物資、一個點頭，也以自身的行動影響別人。看見受助者快樂，發現自己有能力去助人，把「助人為快樂之本」的愛，轉化成「助人自助是快樂的源」。

不要小看自己，你也可以成為一個更好的自己。《疫下有情天》的故事充滿愛，Maggie 發起家中的孩子完成這個 project 絕不容易。每一個有特殊教育需要的小孩和家庭，需要別人關愛的同時，其實也需要受到認同和重視：有愛人的能力，建立信心。希望大家也一起互相尊重，讓愛相傳！

彭晴（Jacqueline）
著名節目主持人

自序

二零二二年三月，第五波新冠疫情持續襲港，每日確診人數飆升至過萬，情況十分嚴峻，而我家的其中四個小孩亦不能倖免（大哥是孩子之中的「倖存者」）。

在居家隔離的日子，發高燒、喉嚨痛、極度疲累、失去胃口、骨痛……四個孩子一一經歷過，對他們來說，的確是人生當中難忘的片段。經過近二十天足不出戶的抗疫之旅，終於雨過天晴。有經歷，就有感受；有反思，就有領悟。因此，我們一家對新冠疫情及病者多了一份切身的體會和理解，亦開始更加密切留意關於疫情的新聞報道。

在芸芸負面的報道當中，我們有時會找到一些「清泉」，就是疫情之下的好人好事。這些現實中的好人好事就如沙漠中的綠洲一樣，在絕望的「疫」境中為我們帶來希望。我們發現，雖然香港依然在疫情的陰霾之下，但卻有許多有心人自發幫助染疫者及有需要的人，這是一份無私的大愛，也是香港人的獅子山精神。

看到這些充滿正能量的故事，我和孩子都深受感動，於是萌生了一個有趣的念頭：我們何不把這些好人好事一一紀錄下來？既然有這個想法，就要坐言起行。我們開始聯絡一眾在疫情之下主動助人的有心人，並與他們進行訪問，他們來自不同的背景，擁有不同的經歷。我和孩子紀錄下來的，不僅是他們在疫情下助人的事情，還有他們過去一些甚具啟發性的經歷。過程當中，親身進行採訪的孩子明白到受訪者的個人經歷如何造就今天的他們，每一次訪問對他們而言都是一堂寶貴的人生課。

　　為了令我們這個忽發奇想的行動更加有意義，我們決定把這些好人好事輯錄成書，然後將出售書本的收益撥捐慈善用途，就像眾多受訪者一樣，在逆境之中發揮正能量，希望能夠感染身邊的人，感染大眾，感染社會，推動積極正向的思維，以及互助的精神，讓我們都學會逆境自強。

　　《疫下有情天》得以出版，實有賴十位受訪者或受訪團體的支持，在此特別鳴謝 Luna 及 Quincy、樺哥及樺嫂、「青年疫行・土瓜灣抗疫關注組」、岑芷蕊小姐、阿軒及軒嫂、Leo、Thomas、Daffie、Linda，以及方健儀小姐。衷心感謝你們的無私付出，請繼續加油！所有香港人都一起加油！

五個小孩的媽媽 Maggie
二零二二年夏

因疫情而誕生的餐廳

Jazz Bird

「Jazz Bird」以臨時餐廳的形式運作，向有需要人士伸出援手

　　本港第五波疫情爆發期間，一家名為「Jazz Bird」的素食餐廳在佐敦文英街誕生。餐廳創辦人 Luna 原本從事音樂表演行業，惟在疫情期間「無工開」，卻看到許多確診者及弱勢社群求助無門，遂夥拍好友 Quincy 開設「Jazz Bird」，以臨時餐廳的形式運作，希望向有需要人士伸出援手。

由音樂走上抗疫之路

　　Luna 是一位專業音樂工作者，疫情前致力發展其表演事業，同時亦會在工餘時間擔任義工，為有需要人士出心出力，可見善心的種子早已在她的心底裡埋下來。至二零二二年三月份，香港的疫情達至高峰期，已經失業近兩年的 Luna，眼見確診者以幾何級數上升，卻有許多需要居家隔離的人士無法得到支援，於是「膽粗粗」夥拍有西廚經驗的朋友 Quincy 開設臨時餐廳「Jazz Bird」，並號召來自不同界別的義工，組成「抗逆行小組」，以餐廳為基地，定期向確診者及有需要的弱勢社群上門派發食物及抗疫物資，為屬於大家的社區加添一點愛。Luna 指出，由萌生開設餐廳的意念，至「Jazz Bird」正式開業，大約只有數個星期，是名副其實的速戰速決。根據 Luna 及 Quincy 的粗略計算，自餐廳開業起的短短一個月內，就已經讓超過二百個有需要的單位受惠，而這個數字目前仍然在增長當中。

　　Luna 表示，「Jazz Bird」選址在佐敦八文樓區內一條毫不起眼的小街立足，並非設於人流密集的大街大巷，是有其原因的。她說：「我發現，這裡是一個很有人情味的社區。」正所謂「物以類聚，人以群分」，Luna 亦以人情味經營這家小店。訪問期間，一位婆婆到店內歎下午茶，Luna 及 Quincy 跟婆婆有說有笑，不僅關心長者最近的身體狀況，也樂意與她閒話家常，令婆婆不時展開燦爛的笑容，她在離開餐廳前還豎起手指公大讚 Luna 為人親切友善、餐廳食物「頂瓜瓜」。婆婆踏出店門時說：「呢度啲素漢堡好好味呀！真係頂瓜瓜！」

看看餐牌，顧客不難發現「Jazz Bird」的食品全為素食，原來這也是 Luna 開設「Jazz Bird」的使命之一。她說：「我希望向大眾推廣健康的素食文化，提倡在日常生活中實踐健康飲食。」正如她所言，許多人誤會素食必然是味道淡、款式寡，但 Luna 透過餐廳向大家證明，素食的款式變化多端，以「Jazz Bird」為例，就提供素雞漢堡、牛油果三文治、純素炸魚柳、素蟹餅、各款意粉及沙律等，應有盡有，當然少不了咖啡和甜品，而且各款美食的味道都「頂瓜瓜」。

藉培訓扶持弱勢社群

Luna 笑言，雖然「Jazz Bird」已經吸納了一批好像上述婆婆一樣的街坊捧場客，但一直以來都入不敷支，也未知能否在原定的三個月經營期內達到收支平衡，這對 Luna 來說的確是一大挑戰。然而，另一個更大的挑戰在於管理擁有不同背景的團隊。她表示，餐廳所聘請的員工大致分為兩類，一是那些被坊間認為「讀不成書」且沒有工作經驗的年青人，二是那些難以融入職場的中高齡婦女。Luna 希望透過餐廳的培訓，讓他們有一展所長的機會，並透過如沖調咖啡等實際工作建立自信心，以及藉此帶來滿足感和成功感。「我甚至希望年青人在經過我們的培訓後，能夠到外面的世界闖一闖，自立門戶開設自己的餐廳或咖啡店，開展屬於自己的事業。」Luna 說。

既要處理餐廳的營運事宜，又要培訓及管理團隊，更要安排「抗逆行小組」派發食物和物資，對於 Luna 來說，一日

支持「Jazz Bird」的義工
既出心又出力

「Jazz Bird」號召來自不同界別的
義工組成「抗逆行小組」

二十四小時都不夠用。沒有想過放棄嗎？那是騙人的，尤其是 Luna 住在大嶼山，每天舟車勞頓來回餐廳與大嶼山的家，也頗花時間和精力。「幸好，我們得到許多有心人的支持，包括所有參與『抗逆行小組』的義工、經常『幫襯』我們的街坊粉絲及顧客，還有主動以義務性質協助我們的甜品供應商老闆娘，他們的熱心支持讓我們可以繼續撐下去。」Luna 說。

由餐廳開張至今，Luna 及 Quincy 經歷過不少令他們既難忘又感動的事情。Quincy 憶述，由於他在「抗逆行小組」的行動中擔任司機的角色，主要負責駕車運送物資及接載義工，鮮有親身上門探訪有需要人士及向他們派發物資，因此一直以來未能以第一身體會受助者的感受，後來有一次，他看到一些受助小朋友的照片，那些真摯的笑容，竟讓他感動得幾乎流下淚來，那一刻，他明白到自己及義工們一切的付出都是值得的，也因此獲得很大的滿足感。他補充道，還有一次，一位男顧客前來餐廳「幫襯」，買了數件蛋糕，卻放下了一千元，然後說了句「不用找贖」，雖然這看來只是一件很小的事情，但卻令 Luna 及 Quincy 深受感動，亦明白原來有許多有心人一直支持他們。

對於 Luna 來說，更大的感動源自她的父母。她猶記得，平日寡言的父親首次以義工身份參與「抗逆行小組」的行動，和她「父女檔」一起上門派飯、派物資，那些片段深深地烙在她的腦海中。父母以實際行動支持，成為她最大的鼓舞，驅使她繼續在助人之路上勇往直前。

「Jazz Bird」定期向確診者及有需要人士派發
食物及抗疫物資

「Jazz Bird」在疫情高峰期過後
仍然繼續為社區送暖

受感動期望把愛延續

　　雖然 Luna 及 Quincy 原定的計劃是以臨時餐廳的形式經營
「Jazz Bird」，而餐廳的「壽命」預計只有三個月，但 Quincy
坦言，如果情況許可的話，他們也希望「Jazz Bird」可以繼續
經營下去，甚至在其他地區開設分店擴充業務，把這份由疫情
而起、卻未跟隨疫情漸退而遞減的愛延續下去。

　　最後，Luna 及 Quincy 寄語所有香港人，不妨在忙碌的生
活中抽點時間出來，多關心身邊的人，在他人有需要時主動伸
出援手，「只要我們每個人都做好本份，哪怕只是一點一滴，
都能集腋成裘，為社會作出貢獻。」Luna 以堅定的眼神說。

2

抗疫的士之義載旅程　樺哥

樺哥於二零二二年二月參加「抗疫的士計劃」

面對嚴峻的第五波疫情，香港政府於二零二二年二月中推出「抗疫的士計劃」，動用特定的士接載確診者往返指定診所及其家居。人稱「樺哥」的的士司機陳富樺，入行接近十年，在機緣巧合之下參加了第一階段的「抗疫的士計劃」，隨後再發起一日義載行動，免費接載確診者往返醫院及其家居。

機緣巧合踏上抗疫之路

樺哥稱，最初當他得悉政府推出「抗疫的士計劃」後，根本沒有考慮參與其中，後來有傳媒向他查詢，邀請他針對此計劃發表意見，他卻感到猶豫，他解釋說：「如果我沒有參加計劃，又怎能發表意見呢？作為旁觀者卻在外指指點點，並非我的作風。」剛巧在這個時間，業界朋友問他有沒有興趣參加計劃，「當時我想，與其做『塘邊鶴』，不如親身上陣試一試，還可以嘗試在 Facebook 上進行直播，讓更多人知道這究竟是怎麼一回事。」他續說。於是，樺哥在徵詢了家人的意見並得到他們的同意後，於二零二二年二月十八日展開了他「14+1」的抗疫的士之旅。

樺哥坦言，他在答應加入抗疫的士行列的時候，確實輕視了這件艱鉅工作的難度。他坦白地說：「第一日已經辛苦到幾乎『頂唔順』！但既然已經答應了別人，就不能食言，無論如何都要撐下去，把任務完成。」樺哥指出，參加「抗疫的士計劃」的司機必需嚴格跟從當局的防疫指引，無論有客與否都要穿戴防護衣物，還要定時徹底消毒車廂，以及每天開工前進行快速檢測等。他憶述第一天的情況時表示，沒想到甫開始已經感受到很大的壓力，由於他一邊工作一邊在社交媒體上直播，因此接收到不少惡意中傷的批評，有人嘲諷抗疫的士只是一場「大龍鳳」，也有人稱抗疫的士司機支取高薪「攞著數」，甚至有人抨擊一些的士司機違反防疫指引。樺哥說：「事實上，在天氣熱的時候，我們仍需盡量留在車廂中，並全程穿戴防護

衣物，我熱得連汗衫也濕透了；同時，為了避免頻密地上廁所，我限制自己喝水的份量。我們的工作時間是朝八晚六，連續工作十四天，中間沒有休息日，這些日子並不易過。」

樺哥猶記得有一次，他因人有三急而除下防護衣物上公廁，並已跟隨當局的指引處理那些防護衣物，他甚至比指引所述做得更多，把放了防護衣物的膠袋反覆消毒後才放進垃圾箱。豈料，當他由公廁步出時，隨即被在場的清潔工人指罵，說他胡亂丟棄使用過的防護衣物，在社區散播病毒，這令樺哥非常生氣，但卻有口難言，產生「啞子食黃蓮」的感覺。

感動回憶成為堅持動力

更甚者，為了避免家人染疫，樺哥盡量減少與摯愛的妻子及女兒接觸，每天回家後就立即把衣物除下並放進洗衣機，然後直接到浴室洗澡消毒，即使在洗澡後也不敢與家人同枱吃飯，當然更加盡量避免不必要的身體接觸，這對樺哥所構成的心理壓力著實不少。

話雖如此，但在這半個月的抗疫旅程當中，也有令樺哥深受感動的回憶。他說：「我很記得，那天正準備收工，卻在收工前十五分鐘收到一位伯伯的電話，電話中的他氣若游絲，不停喘氣，不停咳嗽，我知道他在律敦治醫院，於是著他在門外等候，我到達後會響鞍提示。就是這樣，我順利把確診的伯伯接載回家，他連番道謝，即使已經有氣無力，仍然不停跟我說『唔該晒』，這令我十分感動，亦成為我發起義載的契機之一。」

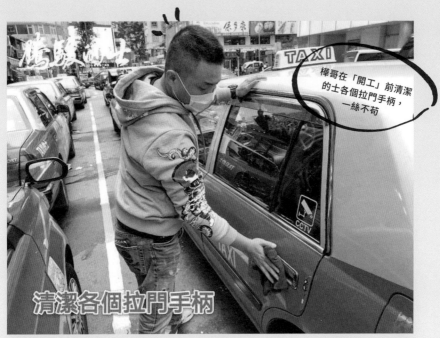

騰驥潔士

樺哥在「開工」前清潔
的士各個拉門手柄，
一絲不苟

清潔各個拉門手柄

樺哥在參加
「抗疫的士計劃」期間
做足防疫措施

此外，還有一些十分尊重抗疫的士司機的乘客，他們除了對樺哥致謝之外，也會送上小小的慰問，令他感到十分窩心，所以他在回想起來時也覺得這個連續十五天的抗疫挑戰「有苦亦有樂」。

樺哥的太太 Cat 姐透露，樺哥在經過這漫長的十五天之後，「情緒上有一點不舒服」，也許患上了情緒病，需要多些休息。然而，樺哥亦無悔自己曾經為確診者而默默付出，因為他的做人宗旨正是「做個正義的人」，這也是他透過身教灌輸給其女兒的做人之道。樺哥大方地表示，自己在年少無知的時候曾經誤入歧途，後來女兒的出生改變了他的一生，當他看著女兒日漸成長，令他明白到父母身教的重要性，亦不忍讓女兒跟隨他每天過著提心吊膽的日子，因此他決心改邪歸正「做返正行」，以的士司機為正職，目的就是讓自己和家人能夠「心安理得地過日子」，盡丈夫及爸爸應盡的責任，其後他又開設的士團隊管理公司，由 Cat 姐協助打理業務，而樺哥亦在 Facebook 成立專頁，並不時進行直播，希望藉此向社會發放正能量，繼續堅持「做個正義的人」。

不忘初心承諾提攜後輩

樺哥以過來人的身份勸勉年青人，無論如何，都不要做違法的事情，而他亦希望透過一己之力，扶助初入行的後輩及新人一把，他強調，只要不做違法的事情，即使他們以的士司機為職業，也是值得尊重的。

最後，樺哥勉勵香港人在面對疫情及逆境時要堅強、要「硬淨」，他說：「我深信我們一定能夠發揮香港人獨有的獅子山精神。香港人轉數高、肯拼搏，定能在困境中開創新天地。」正如樺哥所用的比喻，即使面前是一條「掘頭巷」，只要憑著自強不息的信念，我們總會發現「掘頭巷」的左右兩邊會有生路，絕處逢生。

樺哥到各區免費接載確診者往返醫院及其家居

樺哥與太太 Cat 姐
透過身教讓女兒
「做個正義的人」

3

社工系學生自發抗疫組織

青年疫行

「青年疫行・土瓜灣抗疫關注組」四位年青成員

　　位於土瓜灣的十三街，是一個充斥著劏房戶的舊區，也是一個沒有社福機構覆蓋的小區。在疫情之下，居住在這裡的居民，彷彿是被社會遺棄的一群，然而，年紀輕輕的社工系女學生 Kimberley 卻留意到這個服務空隙，遂與三名同學 Anson、Kaza 及 Wilson 成立自發組織「青年疫行・土瓜灣抗疫關注組」，為區內的確診家庭送上食物及抗疫物資。

善用社交媒體自發助人

　　這個故事的開始，源於 Kimberley 的外祖父不幸確診。她說：「在我的公公確診後，他需要居家隔離，但卻沒有得到任何政府部門或社福機構的援助，當時實在非常徬徨。後來我發現，原來像公公這樣的情況在土瓜灣區內比比皆是，不少確診家庭在嚴峻的第五波疫情之下變得孤立無援。」同時，Kimberley 亦留意到，一些社區中心其實有許多可供派發的抗疫物資，惟因職員確診或缺乏人手，以致未能走到前線把物資分發予有需要人士。

　　有見及此，Kimberley 主動夥拍同系同學 Anson、Kaza 及 Wilson 成立「青年疫行·土瓜灣抗疫關注組」，先透過 Facebook 及 WhatsApp 等社交媒體接觸需要協助的確診家庭及人士，同時與物資充裕的社區中心聯繫，再招募義工加入他們的行動，一起把社區中心的物資收集回來，再加以整理及包裝，然後親自落區逐家逐戶派發予有需要的街坊。

　　四位年青人表示，他們不僅為街坊提供物資上的支援，在上門之前也會透過電話與他們傾談，了解受助者的情況，並向他們送上關懷及慰問，藉此支援確診者及其家人在情緒或精神上的需要。此外，在關注組義工每次「出動」的時候，他們都會準備多一些額外的抗疫物資，派發予沿途遇到的長者、清潔工人及弱勢社群，把他們由心出發的關愛傳遍整條十三街，以至整個土瓜灣社區。

無懼染疫堅持迎難而上

　　「青年疫行·土瓜灣抗疫關注組」在疫情最嚴峻的時期開展行動，每次都作出最全面的準備，穿起保護衣物，戴上防疫面罩，才落區與確診者接觸。Anson 坦言，他們都曾擔心受到感染，但組織真心想為那些無助的確診者提供服務，所以也硬著頭皮熬過去，亦慶幸他們在整個過程中都沒有染疫。

　　Kimberley 坦言，人手不足對他們來說是一個很大的挑戰，因為即使有充裕的物資，也要有足夠的人手才能把物資派發到有需要人士的手上，而他們只有四位成員，人手顯然是嚴重不足，因此，他們透過不同渠道招募義工，包括社交媒體及人際網絡等，吸納更多人參與其中，幸好得到不少有心人的支持，加入他們的行動，甚至有些同學一次、兩次、三次前來義務幫忙，讓他們深受感動。

　　由二零二二年三月中至五月初，「青年疫行·土瓜灣抗疫關注組」完成了五期的義工行動，受惠人數接近四百人，來自約六十個家庭。回想這個多月以來的經歷，令 Kimberley 最難忘的，就是在街上遇到一位拾荒的婆婆，她說：「婆婆已經五十多歲，卻要在街上拾荒維生，以養活六名子女，她曾經確診，卻沒有得到相應的物資援助。聽到她的遭遇，實在令人難過。」

　　Anson 補充，雖然每次行動都需要付出許多時間和精力，尤其是到唐樓派發物資的時候，他們還要跑多層樓梯，但當他聽到受助者的一句「謝謝」時，就會感到自己的付出並沒有白

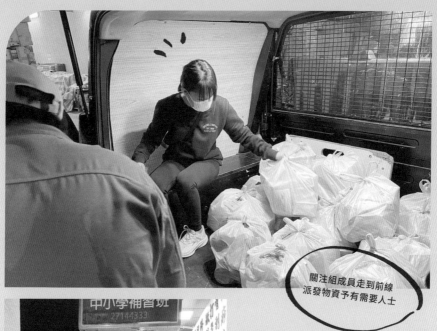

關注組成員走到前線
派發物資予有需要人士

關注組成員身體力行，
把關愛傳遍整個
土瓜灣社區

關注組成員在疫情下仍然堅持親自上門
為居民送上物資

費，他說：「他們的每一句感謝都成為我們的推動力。」還有一次，他們在上門派發物資時，一位收到物資的伯伯慨歎：「原來這個世界上還有那麼善心的人！」這一句簡單的話，讓關注組成員銘記於心，甚至成為驅動他們在日後的社工路上繼續助人的力量。

啟發別人鼓勵關心社區

隨著疫情逐漸緩和，確診數字開始下降，「青年疫行．土瓜灣抗疫關注組」的工作亦會暫緩，然而，Kaza 強調，這並非一個結束或終點，反而是一個起點，他說：「我們希望關注組的行動能夠啟發其他人，讓他們多點認識自己的社區、關心自己的社區，並主動為區內有需要人士服務，把我們的行動在其他地區擴展和延續。」Anson 續說，成立自發組織去幫助別人並非他們的專利，其實人人都可以這樣做，無論是成年人，抑或年青人，甚至小朋友，都可以幫助別人，他說：「我們只是踏出了第一步，作為一個楷模或榜樣，啟發更多有心人把愛心注入社區。」

作為社工系的學生，Kimberley、Anson、Kaza 及 Wilson 都以助人為己任。其中，Anson 深信「凡事皆可能」，他說：「無論處於多絕望的逆境，我都相信辦法總比困難多。如果有困難，我們作為社工樂意和受助人一起面對。」Kimberley 則希望日後能夠從事與青少年相關的服務工作，「帶領年青人去相信他們相信的事情，並讓他們有能力帶動其他人一起為社區作出貢獻。」她說。至於 Kaza，他目前已經畢業，並加入了社工行列，

他期望可以透過自己的工作，以生命影響生命，鼓勵年青人活出自己，他說：「無論他們想做甚麼，只要不傷害自己和別人，我們都會支持，一直與他們同行，並在同行的過程中擴闊他們的眼界。」

最後，Kaza 拋出一個讓年青人反思的問題：「你認為自己能夠為這個社會做甚麼？」他說，這是每個人都應該向自己提問的問題，尤其是年青人，「每個人都有自己的答案，我們毋需把這個答案告訴所有人，但需要自己時刻緊記著，然後抓緊機會透過行動實踐出來。這也是我們希望透過關注組的行動帶給大家的啟發。」Kaza 說。

「青年疫行‧土瓜灣抗疫關注組」吸引了不少志同道合的有心人加入其行動

4

疫情下義教基層學生

加墨教育

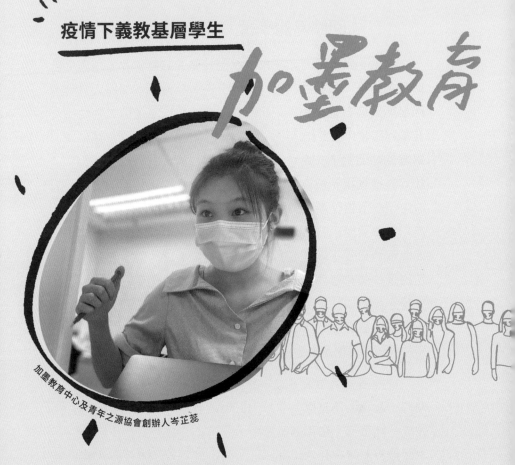

加墨教育中心及青年之源協會創辦人岑芷蕊

　　第五波疫情期間，香港政府宣佈本地學校需要臨時放一個「特別假期」，學生們變相提早放暑假。然而，這個「暑假」來得突然，殺校方、家長及學生們一個措手不及，頓時打亂了學生的學習進程。加墨教育中心及青年之源協會創辦人岑芷蕊（Chloe）為了讓基層學童在假期中仍能持續學習，遂主動與非牟利團體合作，並集合一班有心的導師，在停課期間為基層學童進行網上義教。

網上義補回饋基層學童

　　Chloe 表示，網上義教課程在二零二二年三月尾展開，至四月中結束，整個課程橫跨三個星期，但籌備時間卻只有短短兩星期，這對她來說無疑是一大挑戰。Chloe 憶述，她先物色非牟利團體作為合作夥伴，幸而很快就與香港心橋會一拍即合，對方為她配對了一百六十名來自基層及滯留在內地的學童，參加其義補課程。然後，她就需要聯絡負責不同科目的導師，她說：「為了讓學童得到全方位的學習，我們的課程不僅包括英文和數學等學術科目，還涵蓋體適能、創意發展及藝術歷史，因此我們需要不同範疇的師資。」令她驚喜的是，部分答應幫忙的導師並非普通導師，而是在個別行業內首屈一指的「星級導師」，例如任教創意發展課的導師曾經擔任 Facebook 華埠小商業支援計劃製作總監及於電視台和新媒體工作；而任教體適能課的導師則是奧運級游泳教練。

　　經過連番努力後，Chloe 成功得到八位義務導師的支持，他們一起編製為基層學生度身訂做的教材，並在短時間內極速完成。她表示，在那兩個星期內，每天只能睡三至四個小時，幸而最後能夠在死線前完成這項艱辛的任務，讓百多名學童得以受惠，「即使辛苦一點也是值得的。」她微笑著說。她感謝一眾義務導師的付出，出心出力協助基層學童追回學習進度；亦感謝母親在她最辛苦的期間一直默默地在背後支持她，正如她所說：「哪怕只是一碗小小的熱湯，也令我感到十分溫暖。」

持續感恩不忘入行初心

在義教期間，Chloe 透過視像會議的鏡頭，觀察到一些學生的家居環境實在非常惡劣，這不僅使人心痛，也令她留下深刻的印象。她看到這些基層學生即使生活在那麼艱難的環境中，仍能堅持努力學習，逆境自強，令她十分感動，並決心致力幫助這些學生在學習上爭取更大的進步。她又稱，不少家長在義補課程後親自向她致謝，讓她感到喜出望外，並推動她繼續透過義補幫助有需要的小朋友。可是，當家長提出報讀收費課程時，她卻禮貌地婉拒了，原因是「我不想令人覺得義補的最終目的是為了賺錢。」她說。

Chloe 透露，其實這次並非她第一次進行義補，早於加墨教育中心成立之初，她就曾經為九龍城區二十名基層學童進行為期兩個月的義補，那是一次十分成功的經驗，也讓她在籌備今次義補的時候更為得心應手。回想她從事教育事業的初心，正是希望透過教育讓學生成長，而並非純粹為了賺取利潤而替學生補習。Chloe 表示，她原本在美國柏克萊加利福尼亞大學修讀藝術歷史，於二零二零年畢業後，打算留在當地發展事業，豈料新冠疫情突然在全球爆發，身在香港的母親十分擔心她在美國的安全，為了讓母親安心，Chloe 決定返回香港。她說：「在回港初期，我替學生私人補習，主攻英文，後來儲了一批穩定的學生，就萌生開設教育中心的念頭，希望透過自己的教學幫助更多學生。」

岑芷蕊致力幫助基層學生在學習上爭取更大進步

加墨教育中心透過視像形式為學生進行網上義教

Chloe 憶述自己年幼時候的學習情況，感恩母親為她選擇了一個嚴格的英文補習老師。她表示，自己當年對於英文科十分反感，該科目的成績亦未如理想，但那位補習老師透過一些獨特的教學方法，讓她掌握了學習英文的技巧，而老師嚴厲的態度，更令她不敢怠慢，就是這樣，她在嚴師的鞭策下，在英文學習上日益進步，現在還有能力把學習英文的技巧傳授予下一代。「這個經歷讓我深深感受到一位良師的重要性。我希望自己都能夠像這位英文補習老師一樣，以生命影響生命，讓學生不再因為抗拒英文而拖慢學習進度。這就是我決定加入教育界的初心。」Chloe 說。

永不放棄總會雨過天晴

Chloe 所籌備的兩次義補均十分成功，得到許多正面回饋，這為她打下了一支強心針，推動她繼續推動義補，幫助更多有需要的家庭及學童。建基於這個基礎之上，她與一眾有心人於二零二二年六月成立了青年之源協會——一個以青少年為服務對象的機構，專注青少年發展及跨代共融，她說：「我的初步構思是開創一些類似師友傳承的計劃（mentorship programme），集合更多有心人為下一代的成長出一分力。」

最後，Chloe 勉勵疫情下的香港人及正在奮鬥階段的年青人，必需為自己的理想或目標而堅持，不要輕言放棄，不要被逆境打倒，正如她所說：「我深信，逆境過後總有曙光，大雨過後總會天晴。」

Part 1 - Fill in the blanks with Present Continuous Tense and Circle the time word.

1. My mum and dad ___are___ ___cooking___ (cook) for me (now)
2. Cecilia ___is___ ___drinking___ (drink) milkshake (at present.)
3. (Listen!) The birds ___are___ ___singing___ (sing) on the tree.
4. I _____ (listen) to music at present.
5. Lucy and I _____ (play) basketball now.
6. Listen! My sister _____ (play) the piano.
7. My brother _____ (kick) the door at the moment.

網上義教課程包括英文和數學等學術科目

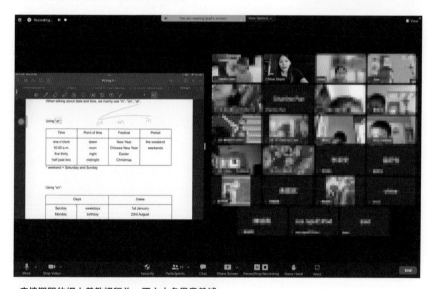

疫情期間的網上義教課程為一百六十名學童義補

5

為唐樓添置搓手液

建。祝義工隊

「建。祝義工隊」創辦人兼義務主席阿軒（右）樂意分享帶領義工活動經驗

　　自新冠疫情爆發以來，大家都比以往更加注重清潔和衞生，幾乎所有公共場所和私家樓宇都設有搓手液機，惟一些沒有業主立案法團或居民委員會等組織管理的唐樓，卻備受忽略。「建。祝義工隊」創辦人兼義務主席阿軒發現問題所在，於是發起「全港十八區基層唐樓搓手液共享計劃」，為全港近二千幢唐樓添置搓手液機。

排除萬難　超額完成

　　阿軒坦言，要成功落實這項大型計劃，一點也不容易，每個環節都是一個很大的挑戰，無論在籌募資金、物資運送、招募義工、安排人手等各方面均考驗他和團隊的執行能力。他表示，當決定推行這個計劃後，他和團隊隨即主動與搓手液供應商聯繫，並積極向多個慈善基金申請資助，以解決資金及物資的問題。至於人手方面，他感恩在發起行動之初，一星期內已獲逾三百名義工的支持。結果，「建。祝義工隊」完成了一場不可能的任務：在短短兩個星期內成功籌劃並推出「全港十八區基層唐樓搓手液共享計劃」。

　　阿軒闡述計劃成果時說：「我們動員了超過一千名來自不同界別的義工，在計劃開展首兩天內已經為全港多區超過三百幢唐樓安裝了搓手液機。」事實上，安裝搓手液機只是第一步，要讓這些設施持續運作才是關鍵，換句話說，當搓手液耗盡時，由誰來添置呢？原來，義工隊在安裝搓手液機前，已在每幢唐樓物色了最少一名居民負責加添搓手液，而備用的搓手液則存放於附近的茶餐廳。阿軒透露，他們的行動得到全港一百多家茶餐廳的支持，願意借出地方成為存放搓手液的據點。最後，義工隊在三個月之內為全港近二千幢唐樓安裝了搓手液機，並獲得不少街坊的正面回饋。能夠完成這項創舉，阿軒歸因於全部義工的努力，還有大家一直以來掛在口邊的口號──「沒有做不到，沒有做不好」。

除了「全港十八區基層唐樓搓手液共享計劃」之外，「建。祝義工隊」在疫情期間亦會派發口罩予有需要人士，兩年之內共派發了一百萬個口罩；同時把籌募得來的捐款撥捐予五十多家社福機構，讓它們購買物資予有需要人士；還成立了緊急扶危基金，協助急需支援的市民。

千碗羊腩　家的感覺

而令阿軒最難忘的項目，莫過於免費派發羊腩煲予街頭露宿者的那一次。他憶述，項目進行當日正值嚴冬，「建。祝義工隊」得到一家學校的支持，為他們的「大製作」提供場地，而該校的廚師更樂意義務烹調千人份量的羊腩煲，當一千碗熱騰騰的羊腩煲準備就緒後，他們就動員逾一百名義工走到前線，逐碗逐碗把這些充滿愛心和暖意的食物派發予大角咀、旺角、油麻地、尖沙咀等地的露宿者，成就了一席非一般的千人宴，令過千名無家者於嚴冬之中暖在心頭。阿軒強調，他們給予露宿者的，並不只一碗羊腩煲，還有一份尊重與關懷，他說：「我要求每一碗都有最少五件羊腩和五片支竹，確保他們吃得飽、吃得好，而且我們使用的碗並非用完即棄那種，而是需要洗滌、可以循環使用那種，亦即和我們在家使用的碗一樣，目的就是希望帶給露宿者一份『家的感覺』。」

還有一次，阿軒和數名義工一起探訪一位老婆婆，當時老婆婆所住的單位剛剛經歷了一場火災，全屋都被燒到黑漆漆一片，他們預料老婆婆定必十分不快，「沒有想到，該老婆婆的

由「建。祝義工隊」
安裝在唐樓的搓手液機

「建。祝義工隊」安裝搓手液機的唐樓遍佈全港十八區

思想非常正面，她說『全屋燒晒都唔緊要，我無被燒死已經好好啦』。」阿軒說。對於長者這樣樂觀的想法，阿軒深受感動，亦大表認同，他續說：「透過這件表面上看來十分負面的事情，老婆婆教導我們要以正面的態度應對逆境，只要做人正面樂觀，就可以活得開心。」

回顧由創立「建。祝義工隊」以來所走過的道路，阿軒感恩在許多有心人的支持下，他們所做的事情已經大大超越了當初所想。他說：「我們的義工隊以『建。祝』為名，就是希望透過建設為受助者送上祝福。我們由提供家居維修服務開始，至今已發展至各式各樣的服務和項目。」最近，「建。祝義工隊」在阿軒的帶領下更準備衝出香港，走向世界各地。他解釋，團隊與一些居於海外及以英語為母語的有心人聯繫，希望他們能透過視像會議與香港的基層孩子以英語對話，讓孩子有機會接觸英語，並從實際交談中學習英文口語。「我們把這個項目命名為『World without Strangers』，即沒有陌生人的世界。其實只要有心，任何人在世界上任何角落都可以成為義工，我們的義工是『Volunteers without Boundaries』（沒有疆界的義工）。」阿軒說。

群策群力　盡力而為

無論在疫情前抑或疫情期間，「建。祝義工隊」都一直發揮助人的精神。阿軒認為，快樂人生最重要的元素就是「分享」，正如他所言：「我們不會因為分享而『少咗啲嘢』，反而會因

「全港十八區基層唐樓搓手液共享計劃」在三個月內為近二千幢
唐樓安裝了搓手液機

建。祝 義工隊
Build & Wish Voluntary Team

「建。祝義工隊」以「建。祝」為名，
希望透過建設為受助者送上祝福

為自己有能力與人分享而感恩。」對於疫情下的香港人，阿軒高度讚揚，他覺得香港人「好叻」，大家會自律地戴上口罩，為的並不只是保護自己，更重要的是保障他人，可見香港人有互助互愛的心，他說：「這樣優質的文化在其他國家或地區並非必然存在，我希望香港人能夠繼續堅持。」

最後，阿軒以「建。祝義工隊」一直以來所秉持的宗旨與大家互勉。他說：「無論做任何事情，做不到的理由可以有許多許多，但做得到的原因只有一個，就是『群策群力，互相配合，謹慎行事，盡力而為』——這正是我們的宗旨。」

6

MANNA。嗎哪

為清潔工友加油

「MANNA。嗎哪」位於深水埗的餐廳

新冠疫情期間，從事某些工種的人士特別辛勞，清潔工人正是其中之一。二零二二年初，疫情開始嚴峻，正值農曆新年前，以餐飲作扶貧的基督教非牟利機構「MANNA。嗎哪」發起「一人一雞」行動，為深水埗區內每位長者清潔工友送上「原隻靚雞」，感謝這些無名「抗疫英雄」在疫情期間的辛勤付出。

一人一雞送上新年祝福

「MANNA。嗎哪」總幹事 Leo 表示，清潔工人在疫情期間辛苦工作，默默為抗疫而戰，卻鮮有受到社會大眾的關注。對於這批幾乎被社會遺忘了的一群，「MANNA。嗎哪」希望趁著農曆新年前透過「一人一雞」行動向他們致意，收到這些心意的工友超過二百人。Leo 說，他們除了把雞隻送給清潔工友，還會加上一句「辛苦您，祝您新年快樂！」，然後再和他們閒談一會，而清潔工友在收到這份新年禮物時所綻放的燦爛笑容，以及由衷的一句「多謝」，就是對他們最好的回饋。

Leo 期望透過這個行動啟發大家多點關心清潔工友，正如「MANNA。嗎哪」的 Facebook 專頁所述：「在後疫情時期，我哋多咗留意一班英雄人物，就係我哋清潔香港人人愛嘅清潔工友，其實佢哋真係辛勤，不怕前線風險，同時佢哋大多係長者，而又未係所有香港人都懂得尊重佢哋，佢哋自食其力，但人工唔成正比，講真如果唔係佢哋，香港人口咁密集，疫情唔會咁簡單。」

特別值得一提的是，「MANNA。嗎哪」送給清潔工友的雞隻是名副其實的「原隻靚雞」，雞肉質素與顧客付費購買的無異，同屬優質貨色，並沒有因為「免費」而在食物質素上打折扣，反映了餐廳對清潔工友的尊重。Leo 說：「『尊重』是十分重要的元素，清潔工友的薪酬待遇已經被低估了，沒有可能連送給他們的雞隻都要是次一等的。我們由衷地覺得，大家都值得擁有最好。」

Leo 續說，在第五波疫情期間，「MANNA。嗎哪」不僅繼續提供恒常的社區服務，還增加了一些因應疫情而為有需要人士而設的項目，除了類似上述的「一人一雞」行動之外，也會在不同地區為居民免費送上食物及抗疫物資，而服務地區亦已由原本集中於深水埗及觀塘等地擴展至更多區域，包括港島各區及荃灣區等。

劏房媽媽不幸染疫無援

「MANNA。嗎哪」的團隊之所以感受到社區人士在疫情期間的急切需要，源於一個染疫媽媽的真人真事。Leo 憶述，當時正值三月期間天氣最冷的時候，確診人數急增，醫院根本應付不來，即使連續多天下雨，大批確診者也要在醫院外冒雨輪候，而這位住在劏房的媽媽及其小朋友正是其中一份子，不過，他們最後被要求回家自行隔離，留在家中等待當局送來食物及抗疫物資，可是，他們等待了十多天也沒有收到所需物資，又因隔離而未能步出家門，直至接近二十天時才向「MANNA。嗎哪」求救。Leo 說：「當我們上門送上食物及抗疫物資時，發現他們當時只是吃粥水充飢。我們只是送上一些米線和罐頭，那位媽媽已經感動得想哭，說終於可以吃到含蛋白質的食物。看到此情此境，我們每一位無不動容。」後來，他們在第二天為這個家庭送上更多的食物，以解他們燃眉之急。這件事啟發他們在扶貧服務上必需做得更多、做得更廣。

「MANNA。嗎哪」總幹事 Leo
親身體驗露宿者的生活

「MANNA。嗎哪」舉辦「一人一雞」行動
向清潔工友致意

雖然「MANNA。嗎哪」的資源不算十分豐富，許多時都靠有心人的捐助才得以持續經營，但 Leo 及其團隊仍然希望能夠在僅有的資源下做得更多。事實上，「MANNA。嗎哪」在成立之初旨在以餐飲扶貧，希望透過餐飲服務接觸及援助貧窮家庭及弱勢社群，其後建基於餐飲服務之上，還加設了其他服務，例如音樂班、英文班、獨居長者清潔小隊、婦女活動及無家者同行計劃等等。Leo 指出，「MANNA。嗎哪」目前每月為不同的基層家庭提供達一萬五千份食物，並致力接觸更多有需要的人。他說：「我們希望短期內可以進入多一至兩個社區，例如黃大仙、北區及葵青區，並接觸更多的無家者，為他們提供所需的支援。」

拓展服務持續關懷社區

此外，「MANNA。嗎哪」過往一直集中服務三類人士：無家者、劏房戶及獨居長者，Leo 期望進一步拓展服務範圍至戒毒人士。他說：「我們正研究開設戒毒宿舍的可行性，作為戒毒者的中途宿舍，避免他們在成功戒毒後因返回原本社區而再次吸毒。」

對於疫情，Leo 選擇豁達面對，他解釋，雖然疫情本身是一件負面的事情，但我們都可以在當中看到正面的部分，他說：「由於疫情的關係，我們發覺香港人多了關心社區，這是毋庸置疑的，也是疫情所帶來的一個小小正面影響。」他希望，香港人對社區的關心和對有需要人士的關懷，不要隨著疫情的消失而消失，要繼續把關愛在社區傳揚開去。

「MANNA。嗎哪」送給清潔工友的雞隻是貨色優質的「原隻靚雞」

「MANNA。嗎哪」過往集中服務無家者、劏房戶及獨居長者，未來將拓展服務範圍至更多有需要人士

7

享受助人為樂的義剪哥哥

Thomas

義剪哥哥 Thomas 在疫情嚴峻期間遊走各區為小朋友義剪

第五波疫情期間，香港政府一度下令髮型屋停業。在筲箕灣開設髮型屋的 Thomas 從事理髮行業多年，在這段時間「轉型」為義剪哥哥，奔波地遊走各區，為的卻不是賺錢糊口，而是為基層兒童及貧困長者義務剪髮，並與他們分享義剪的快樂。

手停口手　開展義剪之旅

　　Thomas 表示，當政府宣佈髮型屋因疫情關係而必需停業的時候，他和其他髮型師一樣，立即想到改變經營模式，即由門市改為上門為顧客服務，然而，經過三天上門服務的體驗後，Thomas 感到十分氣餒。他說：「每位顧客收取二百五十元的服務費，卻要乘搭的士跨區工作，由於來回需時，每天只能為最多四位顧客理髮，收入不算可觀，但卻被顧客投訴收費過高，以及提出一些額外的要求或規限。」Thomas 坦言，上門剪髮的生意不易做，有感工作辛苦但卻得不到應有的回報，於是決定放棄上門剪髮這種經營模式。不過，Thomas 指出，自己是一個「不能停下來」的年青人，所以「無工開」而天天留在家中的日子，對他來說也有點難熬，「當時我開始想，與其留在家中呆坐浪費時間，倒不如為有需要的人義務剪髮，善用自己的專長回饋社會。」他說。在衡量了義剪的風險之後，Thomas 就義無反顧地展開了為期逾兩個月的上門義剪之旅。

　　Thomas 稱，上門義剪最大的挑戰就是場地的限制，由於義剪對象的寓所大多十分狹窄，他通常會在大廈走廊、後樓梯、小巷等地方替小朋友或老人家剪髮。受到場地的限制，他當然未能有如在髮型屋剪髮那麼得心應手，但都會盡量以不同方式去克服，「跪下來剪，坐下來剪，甚麼方式都嘗試。」他笑說。

　　在義剪的過程中，最令 Thomas 難忘的，就是小朋友的笑臉。他還記得，有一次當他甫抵達某戶時，小朋友立即興奮地歡呼：「我終於可以見到哥哥你了，我已經許久沒有見過其他人。」

Thomas 解釋，原來自疫情爆發以來，小朋友的家人為了保障其安全，一直不讓他離開家門半步，小朋友留在家中苦悶不堪，而且長久都不能見到家人以外的人，所以一見到 Thomas 這個「外人」，就高興得跳起來，後來還滔滔不絕地向 Thomas 談及自己的志願、生活日常等等。這種感覺令 Thomas 覺得十分舒適，亦令他感到自己所做的事情十分有意義，親身感受到「施比受更有福」的快樂，就是這種幸福的感覺，推動 Thomas 即使在沒有報酬的情況下，仍然堅持為有需要的人義剪。

難忘笑臉　享受助人為樂

此外，義剪還有一個 Thomas 沒有想過的好處，就是服務對象願意配合他的日程及工作時間表，所以他可以安排一天在某區完成多個小朋友或長者的義剪，翌日則到另一區提供服務，不必一天之內多次跨區頻撲，這與提供收費服務時的情況大有分別，「有些對象甚至配合我上門的時間，數名小朋友『夾埋一齊』，一個剪完就到另一個剪，於是服務對象的人數也隨之而增加，效率大大提升。」他補充道。

另一方面，Thomas 都曾經遭受過一些網友的冷言冷語。由於他的義剪行動得到網上傳媒報道，所以一些網友會在報道下留言，當中有不少負面的批評，甚至惡意的攻擊，例如有人指 Thomas 的義剪行動只是「做 show」，又認為他最終都只是為賺錢和「搵生意」，根本不是真心為有需要的人服務，有些網友甚至說他到處遊走只會染疫害人。面對這些評論，Thomas

義剪哥哥 Thomas
於筲箕灣開設髮型屋

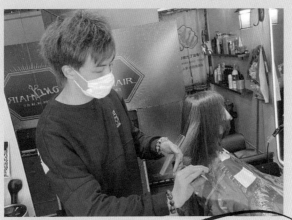

Thomas 打算定期在髮型屋舉辦
義剪活動，向社會傳揚關愛

不諱言自己都曾經為此而不快，但後來想通了，選擇以正面的態度面對，「我把一些惡意評論視為提醒，更加小心地檢視自己的防疫措施是否足夠，以免如他們所說『染疫害人』，所以我也加強了對自己的保護，這也是好事。」他說。

事實上，Thomas 每次義剪都做足防疫措施，他除了每天上午都會進行快速測試之外，也會要求義剪對象在服務前進行快速測試，確保雙方均呈陰性才會上門義剪，而在抵達對方寓所時亦會再次消毒理髮工具及圍布等。

繼續義剪　與香港人共勉

經過這次義剪的經驗，Thomas 打算在日後定期在髮型屋舉辦義剪的活動，例如每月有一天或兩天安排有需要人士到髮型屋，由他及其員工替他們義剪，既延續助人的快樂，也向社會傳揚關愛。

Thomas 希望與所有香港人一起加油，「雖然每個人的力量可能十分微小，但只要我們盡力而為，一定可以克服逆境。」他自信地說。

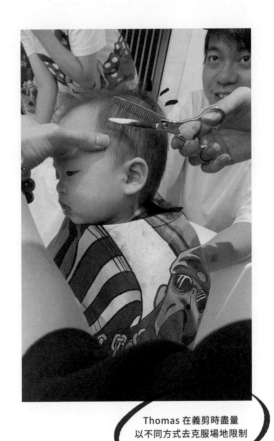

Thomas 在義剪時盡量
以不同方式去克服場地限制

8

髮型屋化身物資補給隊

Hair La Forme

髮型屋 Hair La Forme 在疫情期間向各區有需要人士伸出援手

　　新冠疫情第五波期間，不少確診者都因為需要居家隔離而面臨物資短缺的問題，位於尖沙咀的髮型屋 Hair La Forme 在此時主動向各區有需要的市民伸出援手，各員工在老闆娘 Daffie 的帶領及推動下，為近三十個家庭提供食物及物資上的支援。

上門送物資　分文不收

　　Daffie 表示，當時看見一些市民瘋狂搶購並囤積物資，但另一方面卻有些市民及確診者未能得到所需物資，甚至連食物都沒有足夠的儲備，於是，她趁著政府下令髮型屋停業期間，發起義務派贈物資予有需要人士的行動，與逾二十名同事攜手化身外賣仔女及速遞專員，親自把物資送上門。Daffie 先透過 Hair La Forme 的社交媒體專頁作出呼籲，請有需要人士與他們聯絡，然後他們就會購買求助者所需的物資，並把物資送上門，完全不會收取對方分文。

　　事實上，在髮型屋被迫停業之下，即使收入歸零，Daffie 仍然堅持向員工支付底薪，因此，其經濟狀況可謂捉襟見肘。然而，經濟的緊絀卻無阻 Daffie 繼續行善，她表示，作為老闆，向員工支付薪酬是應有的責任；作為社會的一份子，盡力助人也是應有的責任。她笑說：「其實食物和物資的費用都只是『有限錢』，並非一些龐大開支，感恩自己能夠應付得來。」

　　Daffie 坦言，對於她這個無私的舉動，她的家人難免感到擔心，怕她會因此而染疫，但她實在不忍看到在香港這個尚算富庶的城市之中，竟然有市民因欠缺物資而幾乎不能生活，所以她決心豁出去為這些確診者出一分力，她說：「我已經作了最壞打算，有想過自己可能確診，因此我在派送物資時會做好防護，一方面保護自己，另一方面也免得家人憂慮。」幸好，最後 Daffie 都在沒有確診的情況下完成她的使命。

出錢又出力　**毋懼染疫**

在近三十個的個案當中，令 Daffie 特別難忘的，要數住在慈雲山的懷孕媽媽。她憶述，有一天她透過社交媒體收到一名懷孕媽媽的求助訊息，這名媽媽當時大腹便便，還需要照顧另外兩名子女，所以未能經常出門，更甚者，當她有機會到超級市場打算購買食物及日用品時，卻發現幾乎所有貨品都已經被搶購一空，貨架空空如也，她唯有私訊 Daffie 求助。Daffie 得悉此事之後，立即到處搜羅食物、抗疫物資、藥物等等，由於當時物資匱乏，她走遍多家超市及店舖才能買到所需物品，然後馬上跨區把物資送上門。令 Daffie 更感心傷的是，「我在抵達他們的家時已經接近中午，但那位媽媽告訴我，原來她和小朋友還沒有吃早餐，因為家中已經沒有食物，聽到我感到十分心酸——孕婦和小朋友正就是最需要營養的一群。於是，我立即在附近買了午餐給他們，翌日也為他們補給更多有營養的食物。」她說。

此外，在馬鞍山居住的兩位長者之個案，亦令 Daffie 印象深刻。她表示，向她求助的並非兩位長者，而是他們的女兒。原來，他們一家三口都確診了，但女兒住在柴灣，而兩老則住在馬鞍山，平日主要由女兒為兩老購買日常所需用品，但由於確診後必需居家隔離，當時根本沒有人可以幫忙購買食物和物資予兩位長者，那位女兒唯有求助於 Daffie，希望她能夠伸出援手。「我們把一些新鮮蔬菜、生果、罐頭及藥物送上門，當時兩位長者感動得快要哭出來，還說終於有人理會他們。」

Daffie 為居於慈雲山的
懷孕媽媽及其孩子送上
食物和物資

Daffie 為兩名居於馬鞍山的
長者送上食物及物資

Daffie 說。兩位長者無助的情況，以及他們收到物資時的激動反應，令 Daffie 十分感觸，亦使她感受到「施比受更有福」。

繼續當義工　延續關愛

Daffie 透露，原來這次並不是她第一次發動同事們一起做義工，她和團隊之前曾經以義剪的形式為區內長者及兒童服務。在經歷了這次疫情下自發擔當義工派送物資的體驗後，她和同事們都希望為社區做得更多，因此，她計劃在未來有系統地籌辦一些更具規模的義工活動，例如到安老院舍替老人家義剪，又或為一些有特殊教育需要的小朋友服務，她說：「既然我們有能力回饋社會，就應該分擔社會責任。我希望能夠以身作則，感染身邊甚至社會上更多人一起做義工助人。」的而且確，Daffie 為受助家庭送上的，不只是一些物資，還有一份溫暖，她期望他人都可以延續這份關愛。

最後，Daffie 鼓勵大家，即使遇到挫折，也不要放棄，只要努力去做，困難總會被克服，就如疫情一樣，終有一天會過去；她又提醒大家在遇到困難的時候，勿忘向他人求助，因為社會上有許多人都願意伸出援手。「我希望香港人可以繼續守望相助，發揮我們獨一無二的獅子山精神。」Daffie 說。

加上我自己失業一段時間，政府熱線打了三百几次都打五通。我們只想要點新鮮蔬菜同生果，或者飽肚的糧食就夠了。謝謝！謝謝！

受惠者對於 Daffie 的善舉心存感激

Daffie 為受助者購買物資並親自送上門，分文不收

抗癌勇士義工媽媽

Linda

「愛心二手站」創辦人 Linda 身體力行地實踐「以生命影響生命」

　　香港的孩子們在第五波疫情爆發期間放了一個特別的「暑假」，但這個特別假期與一般暑假不同，他們只能留家抗疫，卻未能外出到處遊玩。義務組織「愛心二手站」的創辦人龔黃螢敏 Linda 就在這段期間成為基層孩子們的「聖誕老人」，她把收集得來的抗疫物資、生活必需品，以及各式各樣的玩具，免費派發給有需要的家庭。

玩具是**孩子精神食糧**

　　Linda 說：「玩具是孩子們的精神食糧。」尤其是在嚴峻的疫情之下，孩子不能和玩伴到公園遊玩，也不能上學和同學們一起學習，只能留在家中，那就更加需要玩具的陪伴，但基層家庭資源匱乏，未必可以給孩子們買玩具，而家中「困獸鬥」的情況亦為他們增加壓力。當大部分的慈善機構集中於派發口罩、搓手液、快速檢測包等抗疫物資時，Linda 就在派發物資時再送上玩具，以滿足基層孩子們在精神方面的需要。

　　Linda 之所以這麼細心和體貼，並關顧孩子各方面的需要，與她的自身經歷有莫大關係。二零零九年，當時的 Linda 正值盛年，在兒童院舍擔任職業治療助理，專責照顧有特殊需要的幼兒，而她亦和丈夫育有三名尚在初中及高小階段的子女。出乎意料之外，Linda 突然在某天收到了一個噩耗：醫生證實她患上了乳癌，而且癌細胞已經擴散，其鎖骨更出現骨枯的情況。正所謂禍不單行，她其後又被確診患上甲狀腺癌，即同時患上兩個癌症，對她打擊甚大。

　　Linda 猶記得，當年一家五口幾乎每天都抱頭痛哭，日子十分難過，而電療及化療所引致的副作用，亦令她痛不欲生。她表示，在自己最軟弱的時候，連地上的一張廢紙也沒有能力拾起。然而，這些痛苦的經歷，卻令她有所頓悟，開始尋找人生的意義。後來，在經過無數次的電療、化療及標靶治療之後，Linda 鎖骨的骨枯奇蹟地重生，病情亦受到控制，於是她決心為自己建立另一個身份——義工，讓自己的生命變得更有意義，身體力行地實踐「以生命影響生命」。

一切由**寄養家長開始**

　　這個全職助人的歷程，由寄養服務展開。Linda 在二零一一年起成為寄養家長，善用她以往照顧有特殊需要孩子的技巧和豐富經驗，為缺乏父愛、母愛的小人兒送上溫暖和愛心，至今已經照顧過逾三十名嬰幼兒，這些無償的付出為 Linda 帶來無限的滿足感，亦使她成為子女的榜樣。

　　後來，Linda 創辦了義務組織「愛心二手站」。她解釋，「愛心二手站」結合了環保、義賣、培訓及捐贈等多元概念，組織先透過各種渠道收集物品，然後在位於深水埗的實體店義賣，義賣所得的款項則會捐贈予教育或慈善機構，而 Linda 亦特意培訓有特殊需要的人士當店員，為他們提供培訓及就業機會，並讓他們透過營運店舖一展所長。

　　在疫情期間，Linda 這位資深義工進一步加強了助人的力度，開始派飯予一些有經濟困難的家庭。她指出，不少以往有能力自給自足的人士因疫情關係而失業，有些失業者甚至是家庭經濟支柱，手停口停，一家幾口的生活捉襟見肘，於是她決定派發飯盒予有需要人士。更難得的是，Linda 對派飯服務也甚有要求，她與本地慈善供應商合作，提供本地飼養且無激素的雞肉，飯盒內一定有肉有菜，確保營養均衡。她補充說：「我們特別向本地慈善供應商取貨，正正發揮了香港人幫助香港人的精神。」

「愛心二手站」定期派飯
予基層家庭及有需要人士

由 Linda 創辦的「愛心二手站」
結合了環保、義賣、培訓及捐贈
等多元概念

事實上，Linda 坦言「愛心二手站」在第五波疫情爆發時遇到很大的挑戰，她說：「由於當時大家都因害怕染疫而不敢步出家門，我們自然沒有顧客；而且許多人都失業了，消費意欲因此大幅下降，我們的收入也大受影響；還有就是店員的家長都害怕子女染疫，不讓他們上班。」在這種情況下，「愛心二手站」的實體店迫於無奈停業。對於 Linda 來說，她當然不會被輕易打倒，反而在助人時加入不同元素，例如在派發物資時加上玩具，又增加派飯服務，希望讓更多人受惠。過程中，她更邀請露宿者及輕度弱智人士加入派飯義工的行列，讓他們體會到自己都有能力助人，並要求義工在派飯時向每一位領取飯盒的人士說一句「謝謝你，祝你身體健康。」她說：「這是對每一位受助者的尊重。」

推動香港人助香港人

Linda 還記得，一個年輕媽媽的故事，令她留下深刻印象。她憶述，當日她站在店舖門外，見到一名年輕媽媽拖著幼兒路過，起初沒有為意，後來卻留意到這名媽媽在經過店舖後又走回頭，望望店舖，看似想說甚麼但又不敢開口，於是她便「主動出擊」，對那名媽媽說：「我們推出了一款美味的飯盒，你有興趣一試嗎？」那名媽媽立即從背包中取出早已預備的膠袋，還要求取三個飯盒，因為其丈夫因疫情而失業，一家三口都「無飯食」，Linda 當然樂意相助，還邀請她日後繼續前來領取飯盒。

雖然疫情稍為好轉，但 Linda 表示絕不會停下助人的腳步，堅持繼續其寄養家長、義務組織創辦人、資深義工等身份。她

經常謙遜地強調，自己只是一個平凡的義工，與全港千千萬萬個義工無異，只是憑著一份愛心和一己之力為有需要人士略盡綿力。她說：「當義工是由心出發，並不要求任何回報或獎賞。」

最後，Linda 勉勵疫情下的香港人，千萬不要因為短暫的逆境或困難而灰心及氣餒，並提醒他們身邊其實有許多有心人願意伸出援手，只要願意主動尋求協助，就一定會有出路。她亦希望，香港人能夠互相幫助，正如她常常掛在口邊的話：「香港人幫助香港人。」——這是理所當然的。

Linda 與孩子分享患病及助人的經歷和心路歷程

五個小孩的媽媽 Maggie（左）和抗癌勇士媽媽 Linda（右）

10

莫因善小而不為

方健儀

方健儀在疫情期間無間斷地到各區派發口罩

　　著名節目主持人方健儀（Akina）在新冠疫情期間一直無間斷地行善，由派發口罩、酒精搓手液、快速檢測包等抗疫物資，至自製快速檢測包的簡單版本說明書，以及參加不同團體及機構的抗疫義工活動，甚至拍攝影片「傳授」派發物資的小貼士，全部都積極參與，既出錢又出力，當然最重要的是「出心」。

義務工作融入日常生活

Akina 憶述，她最初之所以踏出成為抗疫義工的第一步，是受到一位善心朋友的啟發。她說：「我在網絡上看到這位朋友不時自發購買口罩及酒精搓手液等，然後派發予有需要人士，又在生日時鼓勵身邊的人將對他的生日祝福轉化為捐款，邀請大家隨緣樂助，我覺得這個舉動十分有意義。這也令我想到，其實自己都可以仿傚他的方式去做義工。」

Akina 猶記得，抗疫物資在疫情初期十分匱乏，正所謂「一罩難求」，她連自用的物資都幾乎不足，所以籌集物資對她來說的確是一大挑戰。然而，Akina 當時仍然慷慨地把僅餘的兩盒口罩拆開，自己只留下少許，然後把其他全數派發予有需要人士。後來，她的善舉獲傳媒及支持者傳揚開去，「一傳十，十傳百」，連身在海外的朋友都得知她的抗疫義工行動。最令她始料不及的是，當她正為「撲物資」而苦惱的時候，竟然有兩位來自美國的香港移民主動跟她聯繫，分別把六萬個及五萬個口罩速遞給她，還自付郵費，讓她派發予有需要人士，至於派發哪些人，則全權由她負責和決定，「我與他們素未謀面，他們卻那麼信任我。對於他們這份信任，我實在感到十分感動，亦衷心感謝他們的仗義相助。」Akina 說。

Akina 續說，其實她在疫情期間所進行的義工活動十分簡單易行，有時甚至「單支出動」都可以，正如她所說：「做義工不一定要聯群結隊。」許多時候，她只是自行購買一些口罩、酒精搓手液和快速測試包，然後在家中把物資包裝好，於外出

工作時放八至十個在手袋中，每當在街頭遇到清潔工友、拾荒長者或有需要人士時就送給他們——就是如此簡單方便。Akina說：「我希望帶給大家一個訊息，就是：義務工作其實可以融入生活當中。」

此外，Akina 不諱言，她都曾經接收到一些網友的評論，指她所幫助的人只是冰山一角，沒有多大意義，但她強調：「我希望『幫得幾多得幾多』，亦希望大家明白『莫以善小而不為』。」

啟發他人共同傳承善舉

在無數次義工行動之中，令 Akina 留下深刻印象的其中一次，就是她在疫情之初的第一次行動，因為她的父母當時主動要求與她一起到深水埗派發物資。Akina 表示，她都曾擔心過父母或會因此而染疫，但兩老堅持以行動支持女兒，Akina 為此非常感恩，她補充道：「更有意思的是，我的父母都是長者，由他們把物資派發予其他老友記，即長者幫助長者，為這次行動添上多一重意義。」

Akina 的善舉不僅感染家人，還感染許多來自社會上不同階層的善長仁翁。原來不少市民從報章及社交媒體得悉 Akina 的義工行動後，就仿傚她的做法，自發購買及派發物資予有需要人士，甚至在派發物資後向她「報告」行動的情況。Akina 對此感到十分欣慰，她說：「我自己一個人的力量十分微小，但如果因為自己的行徑而讓別人受到啟發，並集合大家的力量一

方健儀曾親自購買快速檢
測包並送予有需要人士

方健儀經常參與不同類型的義
務工作，為慈善不遺餘力

起做，把這些有意義的行動傳承下去，那就能夠有更大的影響力。這正是我最希望做到的事情。」

更加令人欣賞的是，Akina 在進行義務工作時，會站在受助者的角度去想，為他們多走一步。其中一個例子，就是她發現許多快速檢測包的說明書都難以閱讀和理解，為了方便使用者，她自行製作了簡單版本的淺白說明書，還加入圖像輔助，讓大家一看即明；同時，Akina 強調，每次派發口罩和快速檢測包時，她都會確保物資的質素合乎標準，不會因為贈送予他人而在質素上有所妥協。

除了到不同地區派發物資予基層人士之外，Akina 又會拍攝短片分享自己的經驗，並向網友「傳授」當中的成功秘技或關鍵，例如如何接觸陌生人、如何辨識有需要幫助的人等。Akina 稱，許多朋友都向她提出一個常見問題，就是：向陌生人開口實在難為情，自己臉皮不夠厚，怎麼辦？「我會告訴他們，向別人開口是沒有代價或成本的，反之，你一個小小的問候或付出，就可能成為別人一個大大的恩惠。只要這樣想，你很自然就會卸下內心的掙扎或負擔，願意主動開口，這樣做反而會獲得滿足感，繼而成為你的推動力。」Akina 說。

義務工作不隨疫情減退

雖然疫情或會隨著時間而逐漸減退，但 Akina 從來沒有想過要停止派發物資的義工行動。她認為，無論疫情嚴峻與否，社會上總有一些弱勢社群需要我們幫助。她說：「有些人會說，現在物資充裕，數元已經可以買到一個快速檢測包，又何須派

發物資予別人呢？不過，試想想，數元可以買到一個麵包，對於基層市民來說，這可能已經是他們的一個早餐。」所以，Akina 堅持繼續把義務工作融入生活，親身向大家演繹「施比受更有福」。

最後，Akina 提醒大家，即使疫情逐漸遠離我們，作為社會上的一份子，我們每一位都要繼續做好防護，一刻都不能鬆懈。「同樣地，關懷他人及助人之心都不能鬆懈。」她續說。Akina 希望，大家都能夠推己及人，愛人如己，在日常生活中實踐「施比受更有福」，然後「一傳十，十傳百」，讓正能量及正面影響遍及整個社會。

方健儀走訪不同地區為基層人士服務，包括派飯、派物資等

方健儀（右）曾與癌症資訊網慈善基金合作，喚起大眾對癌症病人的關注

後記一：
大哥家朗

由於忙於應付考試，我不能參與所有採訪，實在有點可惜。

在我所參與過的訪問當中，「建。祝義工隊」的軒叔叔和「青年疫行」團隊令我留下深刻的印象。「建。祝義工隊」能夠在短短的三個月內，動員過千名義工，為超過二千幢唐樓安裝搓手液機，這個創舉簡直是不可思議，我真的無法想像他們如何能做到。

至於「青年疫行」的四位哥哥姐姐，我對他們深感佩服，因為他們十分勇敢，在疫情最嚴峻的時候，仍穿著防疫裝備逐家逐戶派發物資，甘願承受染疫的風險。如果有人問我會否仿傚他們的做法，我想我會回答：「我沒有這份勇氣。」也許當我長大後，可能我會儲到足夠的勇氣，像他們那樣幫助別人吧。

回顧採訪不同對象的過程，我的確受到一點啟發。我發現，原來任何人只要願意和勇於踏出一步，就可以幫助到身邊的人，甚至為社會上有需要人士帶來幸福感，而助人者亦會得到滿足感和快樂。我想，這就是人們常常掛在口邊的「助人為快樂之本」吧。

感恩上主和媽媽讓我有這個機會跟這些好人好事的主角學習，希望我在長大後都能夠為社會出一分力，幫助有需要的人。

家朗在考試期間仍然堅持
透過視像進行採訪

家朗（左）與家悅（右）
透過視像形式進行採訪

後記二：
二哥家浚

在芸芸受訪者之中，我最敬佩 Linda 姨姨，因為我在聽完她的故事之後，覺得非常震撼：原來一個人可以同時患上兩個癌症，而身為癌症病人的 Linda 姨姨不僅沒有要求他人幫助，還積極地幫助別人。

記得我們採訪 Linda 姨姨的時候，她除了跟我們訴說自己的經歷之外，還與我們一起玩遊戲和畫畫，又與我們分享她最愛吃的生果和最喜歡的顏色，讓我們感到十分開心，本來的陌生感覺亦一掃而空，整個氣氛頓時變得十分親切。

最有趣的是，Linda 姨姨在介紹自己時，說她的名字是螢敏，但她寫了「迎吻」二字，表示「螢敏」和「迎吻」同音，還感謝她的爸爸為她起了這個特別的名字。沒有想到，原來一個身患癌症的病人，都可以充滿幽默感，並抱著這麼樂觀的態度面對人生。嗯，我想，這個世上大概沒有多少人能夠做到。

我希望 Linda 姨姨早日康復，繼續以行動撰寫她以生命影響生命的故事，把正能量帶給更多人吧。

願主祝福 Linda 姨姨及其家人，還有其他好人好事的主人翁。

家浚（左）和家悅（右）在訪問前細心整理資料

家浚（左）和家悅（右）親自到「Jazz Bird」採訪 Luna 姐姐（中）

家浚以視像形式訪問不同故事的主人翁

後記三：
女兒家悅

我最難忘的訪問，就是跟媽媽和家浚到訪餐廳「Jazz Bird」，親自訪問 Luna 姐姐和 Quincy 哥哥。

我想，難忘的原因之一，是因為這是我人生第一次進行採訪，真的十分緊張，幸好 Luna 姐姐和 Quincy 哥哥都十分親切，有問必答，又不介意我對著「貓紙」讀出問題，最後還跟我們拍照呢。

「Jazz Bird」雖然是一家很小的餐廳，但是環境十分舒適，除了 Luna 姐姐和 Quincy 哥哥之外，另外一位姨姨都很「好人」，餐牌上的食物看起來也十分美味，這真是一個充滿愛心的好地方！

我希望「Jazz Bird」可以繼續營運，而 Luna 姐姐和 Quincy 哥哥又可以繼續幫助更多有需要的人吧。

整體上來說，無論是面對面的採訪，抑或透過 Zoom 進行的線上訪問，都令我大開眼界，因為我在書本上從來沒有看過這樣的真人真事，現在有機會和那麼多善心人傾談，我真的覺得十分開心，而且我還要跟他們學習，在長大後盡力幫助別人。

家悅（右）和家浚（左）一起到
「Jazz Bird」進行採訪

家悅（右）對「Jazz Bird」
的採訪留下深刻印象

家悅以視像形式訪問不同
故事的主人翁

家旋和家珩（左二）對於採訪軒叔叔
（左）留下深刻印象

後記四：
幼兒家旋及家珩

　　由於家旋和家珩年紀尚小（分別為六歲及五歲），未能以文字表達自己的心聲和感受，因此由媽媽跟他們對話，並把對話內容以廣東話紀錄下來。

媽媽：我哋已經完成咗訪問計劃喇，你哋有咩感覺呀？

家旋：好嘢！

家珩：Yeah!

媽媽：同咁多哥哥姐姐傾過偈，你哋最記得邊個，或者邊幾個？

家旋：我記得軒叔叔。

家珩：我都係。

媽媽：點解呀？

家旋：因為佢問咗我哋好多問題，好好玩呀！

媽媽：係喎，我記得軒叔叔叫你哋估吓，「建。祝義工隊」用
　　　咗幾耐時間，幫咁多幢唐樓安裝搓手液機喎。

家珩：我答啱咗呀。

家旋：我估錯咗囉。

媽媽：唔緊要啦。

家旋：仲有軒叔叔話，小朋友都可以幫手砌地磚呀。

媽媽：係呀，「建。祝義工隊」有啲小義工，仲細過你哋，都
　　　幫手舖地磚呀。

家珩：我唔識喎。

媽媽：軒叔叔話好簡單啫，其他小朋友做到，你哋都一定做到
　　　嘅。不如我哋下次又試吓吖？

家珩：好喎。

家旋：好嘢！

家珩：我哋真係好開心呀。

家旋（左二）和家珩（左三）在採訪 Linda 姨姨（左）時一起繪畫，特別開心

疫下 有情天

作者：林碧儀、潘家朗、潘家浚、潘家悅、潘家旋、潘家珩
編輯：青森文化編輯組
設計：4res

出版：紅出版（青森文化）
地址：香港灣仔道 133 號卓凌中心 11 樓
出版計劃查詢電話：(852) 2540 7517
電郵：editor@red-publish.com
網址：http://www.red-publish.com

香港總經銷：聯合新零售（香港）有限公司
台灣總經銷：貿騰發賣股份有限公司
地址：新北市中和區立德街 136 號 6 樓
電話：(886) 2-8227-5988
網址：http://www.namode.com

出版日期：2022 年 10 月
ISBN：978-988-8822-22-5
上架建議：勵志／散文
定價：港幣 80 元正／新台幣 320 圓正